一看就懂 一玩就乐
快乐互动 幸福养育

真正的养育在家庭
科学游戏

张先勇◎编著　露露公园◎绘

石油工业出版社

图书在版编目（CIP）数据

真正的养育在家庭.科学游戏 / 张先勇编著；露露公园绘. -- 北京：石油工业出版社, 2023.7

ISBN 978-7-5183-6015-4

Ⅰ.①真… Ⅱ.①张… ②露… Ⅲ.①智力游戏–青少年读物 Ⅳ.①G898.2

中国国家版本馆CIP数据核字(2023)第086049号

选题策划：曹秋梅

责任编辑：曹秋梅

封面绘图：姬焰华工作室

出版发行：石油工业出版社
　　　　　（北京市朝阳区安华里二区1号楼　100011）
网　　址：www.petropub.com
编 辑 部：（010）64523559
团 购 部：（010）64523649
经　　销：全国新华书店
印　　刷：北京中石油彩色印刷有限责任公司

2023年7月第1版　2023年7月第1次印刷
880×1230毫米　开本：1/32　印张：2
字　　数：35千字
定　　价：29.80元
（如发现印装质量问题，我社图书营销中心负责调换）
版权所有，翻印必究

和孩子一起游戏吧!

成长可以很快乐,养育也可以很快乐,秘诀就是加入孩子的世界,和孩子一起游戏,一起长大!

游戏是孩子的一种语言,无论多大的孩子都喜欢游戏,这是由孩子的心理特点决定的。如果你也掌握了这种语言,你会发现一种更轻松、更有效的养育方式。可以说,游戏是亲子关系的润滑剂,它满足了孩子对父母的依恋、对亲密关系的需求,让孩子的情绪更加健康。

不仅如此,游戏对于孩子的生理发展、认知发展和社会性发展都具有重要的价值。孩子活泼好动,喜欢跳跃奔跑、四处钻爬,而各种身体运动类游戏可以尽情释放其好动的天性,达到锻炼身体、增强体质的目的;孩子对周围的世界充满了好奇,游戏可以满足他们探索世界的愿望,促进创造性思维的发展,提高解决问题的能力;孩子的成长也是一个不断社会化的过程,他们需要学习与人交往的方式,而游戏为孩子提供了社会实践活动的机会,促进了性别的社会化、情感的社会化和道德的社会化。

近年来，游戏的价值越来越受到人们的重视。我国教育部颁布的《幼儿园教育指导纲要》也明确指出，幼儿教育应当以游戏为基本活动。在幼儿园里，游戏已被纳入有目的、有计划的教育活动。在家庭中，游戏式养育也逐渐被广大家长接受和认可。

为了让家庭养育中的游戏更丰富、更有趣，我们特别编写了这套"真正的养育在家庭"丛书，共5册，分别为《真正的养育在家庭 体能游戏》《真正的养育在家庭 感统游戏》《真正的养育在家庭 蒙氏游戏》《真正的养育在家庭 自然游戏》和《真正的养育在家庭 科学游戏》。我们将游戏按教育体系或教学领域进行分类，融科学性与趣味性于一体。

这套"真正的养育在家庭"丛书，完全从家庭应用场景出发，游戏角色以亲子为主，游戏材料在家庭中随处可见，游戏玩法简易有趣，为大家提供了一套游戏式养育的实用方法。

年轻的爸爸妈妈们，让我们全身心地和孩子一起游戏吧！

编者

2023 年 6 月

让科学游戏激发孩子们的好奇心

天文学家卡尔·萨根曾经说："每个人在幼年的时候都是科学家，因为每个孩子都和科学家一样，对自然界的奇观满怀着好奇和敬畏。"每个孩子都有一种与生俱来的好奇心和求知欲，这是孩子最重要的学习品质，需要我们悉心呵护并加以培养，而科学游戏活动则是最重要的途径。

什么是科学游戏呢？首先我们要理解游戏是孩子认知发展的动力，是孩子获取各种经验的独特方式。而科学游戏就是其中一种，孩子在游戏中可以自由地进行各种操作与探索，去建构自己的认知与理解。这些游戏包括观察身边的动植物、运用生活中的日用品进行科学小实验、从事有关声光电力磁的探究活动等。

不是每个孩子将来都能成为科学家，但是孩子在科学游戏中所表现出的探究行为与探究品质，却是每个孩子学习与发展的基础。科学游戏满足了孩子探求外部世界的好奇心与求知欲，也激发了孩子们学习科学的兴趣，同时培养了孩子关心、爱护自然的积极情感和态度，对促进孩子认知、思维、能力的发展都具有十分积极的作用。

 本书所提供的游戏均为亲子游戏，应由成年人陪伴玩耍，在游戏过程中应注意场地安全与操作安全。

目录 contents

动植物观察游戏

- 种植蒜苗 2
- 喝墨水的花 3
- 制作树叶标本 4
- 叶的蒸腾 5
- 蜗牛的饲养 6
- 蚯蚓的饲养 7
- 观察小蚂蚁 8
- 观察鱼的鳍 9

日用化学游戏

- 酵母吹气球 11
- 油水不相溶 12
- 火山爆发 13
- 自制碳酸饮料 14
- 提炼食盐 15
- 自制泡泡液 16
- 区别盐与碱 17
- 神奇的发泡液 18
- 用二氧化碳灭火 19

声学实验游戏

- 米粒跳舞 21
- 空气打靶 22
- 美妙的钟声 23
- 自制听筒 24
- 自制听诊器 25

光学实验游戏

- 变身魔镜 27
- 折弯的吸管 28
- 自制潜望镜 29
- 光的混合 30

电学实验游戏

- 敌对气球 32
- 导引水流 33
- 导电的盐水 34
- 验证导体 35

磁力实验游戏

- 用磁铁分类 37
- 磁力线 38
- 磁铁之间 39
- 磁铁的力量 40
- 螺丝刀变磁铁 41
- 简易指南针 42

力学实验游戏

- 会蹦的弹珠 44
- 迷你风车 45
- 又见风车 46
- 漂浮实验 47
- 空气的重量 48
- 站立的鸡蛋 49
- 承重的纸桥 50
- 转圈的玻璃珠 51
- 离心运动 52
- 洒不出的水 53
- 自制密度计 54
- 自制水泵 55

动植物观察游戏

观察是人们学习科学的重要方式,让孩子们从小亲近自然,对植物和动物产生更多的兴趣,是激发孩子们探索精神的重要方法。

种植蒜苗

主要目标

观察植物的生长变化,知道植物生长需要水,品尝种植的成果。

活动准备

　　比较深的圆盘子1个　　针和棉线　　水

大蒜4~5头

活动过程

1. 把蒜瓣小心地剥去外皮,尖端朝上,尽量保留蒜底部的硬皮层。用针线将蒜瓣整齐地串起来,注意在穿线的时候不要伤害中心部分的芽。

2. 将串好的蒜瓣整齐地摆在盘子里,在盘子里加水,使蒜瓣的大约1/3浸泡在水里。

3. 每天观察蒜苗的生长变化,在适当的时候提醒孩子加水。如果每天换水效果更好。

知识提示

如果蒜瓣慢慢地腐烂掉了,那就说明水加得太多了,导致蒜瓣接触不到空气而腐烂。绿叶植物正常生长需要水分、阳光和空气,三者缺一不可。

喝墨水的花

🧭 主要目标

观察植物吸收水分后,如何通过茎把水分输送到各个部分。

🫙 活动准备

剪刀　　有茎的白　　小玻璃杯　　彩色墨水
　　　　色花朵

📷 活动过程

1. 用剪刀把花茎剪短,然后把花插到小玻璃杯里。

2. 在玻璃杯里装上水,然后再加入彩色墨水,搅拌一下。

3. 大约6小时后,白色的花朵开始被染上了墨水的颜色。

⚠️ 知识提示

茎是植物的营养器官之一,具有支撑植物、运输水分和养料的作用。植物的茎将根吸收的水分和养料输送到地上各个部分。玻璃杯中的花朵会变色正是茎输送彩色墨水的原因。

制作树叶标本

主要目标

学会用压制法做标本，培养孩子的动手操作能力。

活动准备

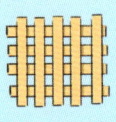  

标本夹　　　　吸水纸　　　　树叶　　　　绳子

活动过程

 1. 选取树叶，要求完整、干净、边沿整齐。

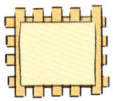 2. 将标本夹的一半平放在桌子上，铺上几层吸水纸。

 3. 将树叶平放在吸水纸上，注意要平整。

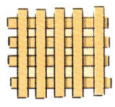 4. 再铺上几层吸水纸，将标本夹的另一半夹上。

 5. 用绳子系好标本夹。

 6. 将标本夹放在通风处，每天更换吸水纸，及时整理叶片的形状，直至完全干燥。

 7. 取出标本，贴在台纸上。

知识提示

标本是实物资料，对于研究者来说就是第一手资料。如果一个物种很珍稀，或者由于地处偏远等原因不能轻易获得，保存的标本就有研究、观赏意义。

叶的蒸腾

🔵 主要目标

> 了解植物叶子的蒸腾作用,培养孩子的观察能力。

活动准备

2盆花卉,1盆有叶子,1盆没有叶子	2个塑料袋	绳子

📷 活动过程

 1. 给两盆花分别套上塑料袋,再用绳子系住,然后放到阳光下。

 2. 过一段时间后去看看有什么变化(有叶子的袋子里有水滴,没叶子的袋子里没有水滴)。

3. 和孩子一起讨论水滴是哪里来的。

⚠ 知识提示

蒸腾作用是植物体内的水分以气体状态通过叶子等器官散发到空气中的过程。蒸腾作用产生蒸腾拉力促进根吸收水分,水分通过茎运输到叶子,再通过蒸腾作用散发到空气中,最后在塑料袋上结成水滴。

蜗牛的饲养

主要目标

学习饲养蜗牛，在观察和实践中培养孩子的探究能力。

活动准备

简易饲养器皿　　　　蜗牛

活动过程

1. 在春季或夏季的雨后，去墙角或草地上可以找到蜗牛，蜗牛通常喜欢藏在树干、蔬菜叶子或砖石堆里。

2. 准备一个器皿，在里面放20厘米厚的疏松土壤，再放一些碎瓦片，让喜欢阴湿环境的蜗牛可以在瓦片下活动。

3. 观察蜗牛的形态，它的身体由哪些部分组成？它的触角有什么作用？（蜗牛的触角有触觉和嗅觉，它的眼睛长在大触角的顶端，能感觉光的强弱。）
4. 给蜗牛投食，看看蜗牛喜欢吃什么食物。

知识提示

蜗牛生活在潮湿阴暗的环境中。蜗牛的食性很广，卷心菜、大白菜、青菜、萝卜等都可以作为它的饲料。根据蜗牛昼伏夜出、黄昏活动的生活习性，一般在下午四五点钟或傍晚投食，投食量以吃净为准。

蚯蚓的饲养

主要目标

了解蚯蚓的采集,学会饲养蚯蚓,激发孩子观察、饲养小动物的兴趣。

活动准备

饲养容器(木箱、鱼缸或花盆)

活动过程

1. 在夏季的大雨后,到池塘边的湿土里或肥沃的菜田里去挖掘蚯蚓。
2. 在容器里面装上潮湿、松软、肥沃的泥土,再把采集到的蚯蚓放在土上,洒上一些水,然后将容器放置在阴暗、通风的地方。

3. 每天在容器里浇一些水,放一些腐烂的树叶、泡过的茶叶或煮熟的土豆,这些都是蚯蚓喜欢吃的食物。

4. 饲养一段时间后,看看容器内的土壤有什么变化。

知识提示

蚯蚓以腐烂的植物或其他有机物为食,也会吞食土壤,以获取其中的有机物质。蚯蚓通过取食、消化、排泄、分泌黏液和掘穴等活动对土壤的物质循环和能量传递做出贡献,被称为"生态系统工程师"。

观察小蚂蚁

主要目标

观察蚂蚁的外形特征，了解蚂蚁的生活环境，观察了解蚂蚁的行为特点。

活动准备

 放大镜　　 记录纸　　 水彩笔

活动过程

1. 活动要在温暖的春天和初夏进行，事先选好蚂蚁比较多的地方去寻找蚂蚁。（寻找普通黑蚂蚁）

2. 家长和孩子去追寻蚂蚁的行踪，找到蚂蚁的洞穴，看看它们的洞穴筑在什么地方。多观察几处蚁穴，思考一下它们有什么共同的特点。

3. 用放大镜观察蚂蚁的外形特征。蚂蚁的头、躯干是什么样子的？蚂蚁有几条腿？

4. 家长和孩子一起用放大镜观察蚂蚁的行为，鼓励孩子用语言描述蚂蚁正在进行的活动以及它们的行为特点。

5. 最后将观察结果写在记录纸上，并用水彩笔在纸上画出小蚂蚁。

知识提示

蚂蚁的身体分为头、胸、腹三部分，有六足，硬而易碎。蚂蚁用分泌物的气味来进行交流。一只蚂蚁如果发现了食物，它就会在回家的路上沿路留下气味，其他蚂蚁沿着这条路线去找食物，并不断地加强气味。所有的蚁科都过着社会性群体生活。一般在一个群体里有四种不同的蚁型：蚁后、雄蚁、工蚁和兵蚁。

观察鱼的鳍

主要目标

观察鱼鳍的分布，了解它们的名称和主要功能，培养孩子认真观察的良好习惯。

活动准备

玻璃鱼缸　活鲫鱼　白纸、画笔

活动过程

1. 让孩子观察鱼缸中的鲫鱼，数数它有几个鳍？（鲫鱼一共7个鳍）

背鳍　尾鳍　臀鳍（两侧各一）　腹鳍　胸鳍（两侧各一）

2. 让孩子把鱼画在纸上，并画上7个鳍，说说这7个鳍可以分为几类以及每类的名字和数量。

3. 和孩子一起探讨不同部位的鱼鳍在鱼游动的时候分别发挥什么作用。

知识提示

鲫鱼有7个鳍，分别是一对胸鳍、一对腹鳍、一个臀鳍、一个尾鳍和一个背鳍。鲫鱼的胸鳍和腹鳍就像船桨，在鱼游动时帮助保持平衡和方向，尾鳍则负责摆动躯干，带动尾部加快游动速度。

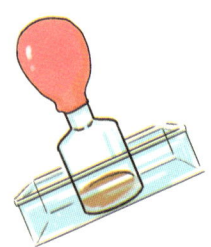

日用化学游戏

生活中处处有化学,我们生活中许多日用品都是化工产品,如牙膏、酒精、洗洁精、食盐、苏打等。你想不想知道哪些日用品混合在一起会发生神奇的化学反应呢?不妨试一试吧!(在家长指导下完成)

酵母吹气球

🧭 主要目标

了解酵母的特性,它能将糖发酵成酒精和二氧化碳。

🫙 活动准备

30克干酵母,1茶匙糖   1个气球   1个装有温水的盆,1个玻璃瓶

📷 活动过程

1. 把干酵母和糖用两勺温水搅拌在一起,并倒入玻璃瓶中。

2. 将气球套在玻璃瓶口。

3. 把玻璃瓶放在装有温水的盆里。

4. 几分钟后,观察气球的变化。

⚠ 知识提示

酵母是一种极小的真菌,一旦和糖、温水混合,它的活性就会被激发,从而将糖分转化分解成酒精和二氧化碳。在此过程中产生的大量二氧化碳气体使气球膨胀起来。

油水不相溶

🧭 主要目标

> 了解油不能溶于水。

活动准备

1个带盖的玻璃杯　　色拉油　　水性墨水

活动过程

1. 在玻璃杯里倒1/3的色拉油。

2. 继续加入1/3的水。

3. 滴一滴墨水。

4. 过一段时间后，观察墨水会发生什么样的变化。

📐 知识提示

> 水和油不互溶，因为它们是性质不同的液体。油比水轻，所以油层会浮在水层之上，所以墨水会穿过油层与水混合。

🔥 主要目标

碳酸氢钠溶于水会产生二氧化碳,通过亲手实验,使孩子自己得出这一结论。

活动准备

1 瓶汽水或其他碳酸饮料   2~3 颗泡腾片

📷 活动过程

1. 将瓶装汽水或碳酸饮料的瓶盖打开。   2. 放入两三颗泡腾片。

3. 瓶内一开始只冒出一点泡泡,过一会儿就会出现"火山爆发"的奇观。想一想,为什么会出现这样的现象呢?

知识提示

泡腾片中含有碳酸氢钠,也就是小苏打。碳酸氢钠溶于水会产生二氧化碳,而汽水等碳酸饮料中本来也含有大量二氧化碳,当这些二氧化碳一起从瓶口冒出来时,就出现了类似火山爆发的现象。

自制碳酸饮料

🧭 主要目标

> 了解碳酸饮料的制作方法，培养孩子对生活的热爱和求知欲。

🫙 活动准备

1瓶白醋　　半烧瓶清水　　小苏打

📷 活动过程

1.在装有水的烧瓶中加入适量白醋。

2.再在烧杯中加入适量的小苏打，看一看烧杯中有没有小气泡不断冒出。

⚠️ 知识提示

> 小苏打与醋混合时会发生剧烈的化学反应，产生许多无色的气泡，这些气体就是二氧化碳。（烧瓶可用碗或玻璃瓶代替）

提炼食盐

🧭 主要目标

尝试从盐水中提炼出食盐,了解通过蒸发提炼食盐的方法。

🫙 活动准备

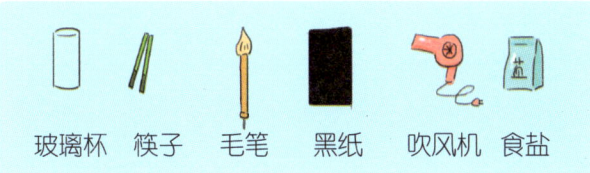

玻璃杯　筷子　毛笔　黑纸　吹风机　食盐

📷 活动过程

1. 在玻璃杯里加1/4的水,在水中加入食盐并用筷子搅拌,直到全部溶解。

2. 用毛笔蘸取杯中的水,在黑纸上涂写。

3. 用吹风机吹干黑纸。

4. 你会发现黑纸上出现了一些闪闪发亮的晶体。

⚠ 知识提示

食盐溶于水,当水分蒸发后又会析出,所以在吹风机将黑纸吹干后,食盐就会在黑纸上显现出来。

自制泡泡液

主要目标

了解泡泡液的制作方法,培养孩子观察、动手和思考的能力。

活动准备

糖、小苏打　　洗洁精　　2个纸杯　　吸管

活动过程

1. 在一个纸杯中加入少许水,然后再倒入洗洁精,用吸管搅拌一下。

2. 将其中一半液体倒入另外一个纸杯中。

3. 在一个纸杯中加糖,另一个纸杯中加小苏打,并分别用吸管搅拌均匀。

4. 用吸管分别蘸取两个纸杯中的不同液体吹泡泡,看看有什么不一样。(用加糖的泡泡液吹出的泡泡大,而用加小苏打的泡泡液吹出的泡泡小。)

知识提示

在泡泡液中加糖后,会增加泡泡水的黏度,所以产生的泡泡不容易破,比加小苏打的泡泡液吹得大。

区别盐与碱

主要目标

了解食盐与纯碱（碳酸钠）的不同，学会阐述实验的结果。

活动准备

食盐　纯碱　白醋　2个玻璃杯

活动过程

1. 在两个玻璃杯中分别放入食盐和纯碱，再倒适量醋。

2. 观察两个玻璃杯中各自会出现什么现象。（装有纯碱的玻璃杯中会产生气泡，而装有食盐的玻璃杯中不会产生气泡。）

知识提示

纯碱能与醋酸发生反应，生成二氧化碳气体，而食盐与醋酸则不会发生反应。

神奇的发泡液

🧭 主要目标

> 了解小苏打（碳酸氢钠）会与酸发生化学反应，培养孩子的动手能力。

🫙 活动准备

小苏打　醋　水　洗涤液　大碗　瓶子　闪粉　食用色素　坛子

📷 活动过程

1. 在大碗里放50克的小苏打，为增强视觉效果，再加入适量闪粉，混合在一起。

2. 在瓶子里倒入120毫升水、60毫升洗涤液，再加几滴食用色素，摇晃均匀。

3. 把碗中的粉末混合物倒进坛子里，再把瓶子里的混合液倒进去。

4. 最后往坛子里倒些醋，神奇的发泡液就喷涌出来了！

⚠ 知识提示

小苏打（碳酸氢钠）会和醋发生反应，生成二氧化碳气体。当二氧化碳气体再和洗涤液混合起来时，就会产生大量泡沫。

用二氧化碳灭火

🧭 主要目标

了解二氧化碳具有灭火的功能，培养孩子的安全意识。

活动准备

一小截蜡烛　玻璃杯　小苏打　醋　水　小木块　1根细木棍

活动过程

1. 在玻璃杯里倒入1/3水。

2. 把蜡烛固定在小木块上，并放入玻璃杯里，点燃细木棍再点燃蜡烛。（注意不要让蜡烛碰到杯壁。）

3. 在水中加入50克小苏打，轻轻搅动。

4. 再往水中加入125毫升醋，这时混合液会吱吱作响，过一会儿蜡烛就会熄灭。

⚠ 知识提示

小苏打会和醋发生反应，生成二氧化碳气体。二氧化碳不能燃烧，也不支持燃烧，且密度大于空气，比空气重，因此可以用来灭火。（实验中有明火，请在家长协助下完成）

声学实验游戏

  声音是怎样产生的？声音是如何传播的？声音有力量吗？为什么有的声音好听，有的声音难听？你一定有许多关于声音的问题，那就动手去做一做有关声音的实验游戏吧。（在家长指导下完成）

主要目标

感受带节奏的音乐会产生振动,理解声波的传播。

活动准备

1个小花盆　　播放器(手机或收音机)　　1个气球,若干米粒

活动过程

1. 把气球口端剪掉1/3,剩下的作为鼓皮。

2. 用播放器播放有节奏感的音乐,把音量调到最大,放在小花盆里。

3. 把气球套在小花盆上,并将米粒撒在气球鼓皮上,米粒就会随着音乐跳动起来。

知识提示

播放器的声波传播到鼓皮上会使其随着音乐的节奏产生振动,振动又会使鼓上的米粒随之跳动。

空气打靶

🎯 主要目标

感受气流的冲击作用,培养孩子动手制作的能力。

🛍 活动准备

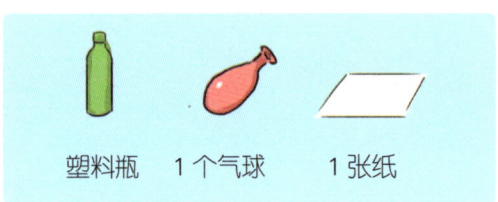

塑料瓶　　1个气球　　1张纸

📷 活动过程

1. 将塑料瓶的瓶底剪下1/5,以方便套上气球。

2. 剪掉气球的下半部分,并在气嘴部分打结,将其固定在塑料瓶的另一端,制作成一个空气炮。

3. 把空气炮对准桌上的纸张,拉动气嘴,然后松手。

4. 受气流影响,桌上的纸张会飞起来。

⚠ 知识提示

当松开气球嘴的一刹那,气流从瓶口冲出来,在通过狭窄的瓶颈时会加速流动。纸张就受到气流的冲击,成功打靶。

美妙的钟声

🔔 主要目标

了解声波通过不同介质传播，发出来的声音也是不一样的。

🏺 活动准备

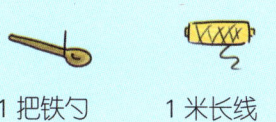

1把铁勺　　1米长线　　1把螺丝刀　　2个纸杯

📷 活动过程

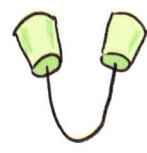 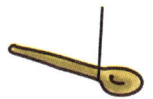

1. 用螺丝刀把两个纸杯的底部各钻一个小孔，并将长线的两端分别穿入纸杯底部，打一个线结固定在纸杯中。

2. 将铁勺系在这根长线的中间部位，使其能够自由旋转。

3. 用穿线的纸杯扣住耳朵。

4. 请家长用螺丝刀敲打铁勺。

⚠ 知识提示

声音是由物体的振动产生的，当我们敲击铁勺时，铁勺因振动而发出声音，又通过空气这种介质传播到我们的耳朵里。当把铁勺系在线上的时候，声波又会通过线这种介质传播。不过线一般主要传播重低音，因此这时的声音听起来就低沉得多。

自制听筒

主要目标

了解声音是由物体的振动产生的,听筒有增强声音的功能。

活动准备

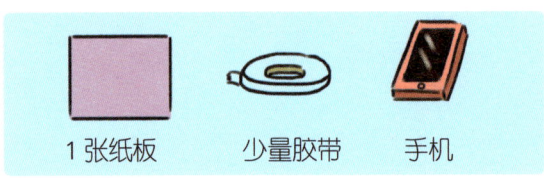

1张纸板　　少量胶带　　手机

活动过程

1. 将纸板卷成一个大的漏斗状听筒,用胶带粘贴好。

2. 用手机播放音乐,声音不用太大。

3. 将听筒小的一头对着耳朵,大的一头朝向手机。比较一下用听筒和不用听筒的音量有什么变化。

知识提示

声音从听筒大的那一头传向小的那一头,在这个过程中减小了分散,所以传到耳朵里的声音就增强了。

主要目标

了解听诊器的主要原理,培养孩子的动手能力。

活动准备

胶泥　胶带　胶水　可弯曲的吸管　乒乓球　铝箔盘子　剪刀　保鲜薄膜　水

活动过程

1. 在铝箔盘子底部剪一个洞。

2. 把盘子扣在保鲜膜上,再把保鲜膜绷紧,用胶带固定好。(留出洞口)

3. 在吸管的两头各剪出两个长约1厘米的豁口。

4. 把吸管弯曲的一头用胶泥粘在乒乓球上。

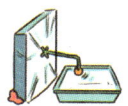

5. 把吸管的另一头粘在保鲜膜的中间。

6. 把铝箔盘子竖着放起来,然后用胶泥固定好。

7. 在桌子上放一盆水,使乒乓球浮在水面上。

8. 对着铝箔盘子底部的洞说话,看看水面会出现什么现象。

知识提示

当你发出声音时,声波使保鲜膜振动,从而带动吸管和球,形成了水里的波纹。声音使我们的鼓膜发生振动,进一步引起内耳里液体的振动,再通过听觉神经使我们感受到声音。

光学实验游戏

光是我们生活中最平常不过的事物，没有光我们什么都看不见。但如果你深入去探究，你会发现光的传播、光的特性都非常神奇。（在家长指导下完成）

变身魔镜

主要目标

了解镜子反射的原理。

活动准备

方形镜面3块　　胶带　　玩具

活动过程

1. 把方形的镜面组合成一个"U"形，用胶带固定好。

2. 把一个小玩具摆在镜子的中间，数一数，镜子里一共有多少个小玩具。（无数个）

知识提示

镜子里之所以会出现无数个玩具，是由于玩具被相对放置的镜子多次成像。

折弯的吸管

主要目标

了解光线在不同介质中的传播时,方向会发生改变。激发孩子对光线传播的探究兴趣。

活动准备

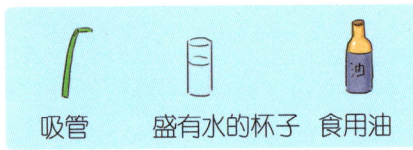

吸管　　盛有水的杯子　　食用油

活动过程

1. 把吸管放到盛有水的玻璃杯中,从玻璃杯侧面观察吸管的形状,看见的吸管是弯的。

2. 在玻璃杯中加入少许食用油,再从侧面观察吸管的形状。

3. 你会发现,在玻璃杯中加入食用油后再从侧面观察,看见吸管再次弯折。

知识提示

光从一种介质斜射入另一种介质时会发生折射。在这个实验中,光从空气进入到油中发生一次折射,从油进入到水中又发生一次折射,所以从侧面观察时看见的吸管是被两次折弯的。

自制潜望镜

🔵 主要目标

指导孩子利用光的反射原理制作潜望镜，了解潜望镜的知识原理。

🫙 活动准备

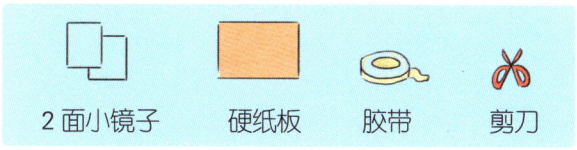

2面小镜子　　硬纸板　　胶带　　剪刀

📷 活动过程

1. 把硬纸板做成"Z"形的纸筒。

2. 在"Z"形纸筒的两个拐角处，分别用胶带粘上一面小镜子，使镜子与水平方向成45度角。这样，一个简易的潜望镜就做好了。

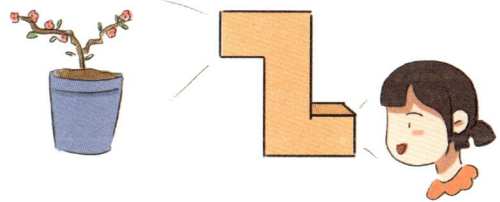

3. 尝试用潜望镜去观察外面的物体。

⚠ 知识提示

潜望镜是利用两个反射镜使光线产生两次反射而折向眼中。潜望镜之所以可以从下边看到上面，而且十分清楚，是因为两块平面镜互相平行，且都与水平方向成45度角。

29

光的混合

🔵 主要目标

了解混合光的三种基本色——红、绿、蓝。

🫙 活动准备

红色、绿色和蓝色玻璃纸　　3个纸筒　　3把手电筒　　胶带、白色硬纸板

📷 活动过程

1. 将三种颜色的玻璃纸各剪一个圆片。

2. 用胶带把玻璃纸粘在纸筒的底部。

3. 把白纸板放在地板上。家长和孩子每人拿一个手电筒和一个纸筒。

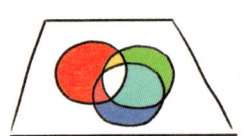

4. 在一间黑暗的屋子里进行实验，三人分别用手电筒对着纸筒往下照，白纸板上就会出现三个有色的光柱。

5. 左右移动手电筒，使光重叠，会产生多种不同的颜色，三种颜色重叠的部分则呈现出白色。

⚠️ 知识提示

把两种颜色的光混合在一起，会形成一种新的颜色，当三种原色光混合起来时，就又形成了白光。（由于光的强度和颜色不完全准确，有可能会产生一点儿偏差。）

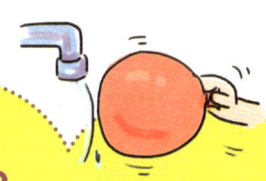

电学实验游戏

电不是一种物质，而是一种现象。这对于孩子们来说，要理解起来是非常不容易的，但是我们可以通过各种电学实验小游戏来帮助理解。（在家长指导下完成）

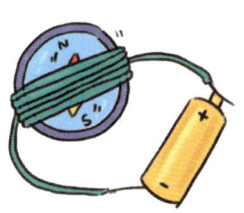

敌对气球

主要目标

了解摩擦起电和同种电荷互相排斥。

活动准备

2个气球　　细线　　羊毛围巾

活动过程

1. 把两只气球吹满气，绑好以防止漏气，使两只气球靠在一起。

2. 让孩子用羊毛围巾分别在两只气球上充分摩擦。

3. 你会看到两只气球分开了。

知识提示

气球经过羊毛围巾的摩擦后都带上了负电荷。根据同种电荷互相排斥、异种电荷互相吸引的原理，两只气球就会被静电这只无形的手给分开。

主要目标

了解静电对水流的影响,发现电的神奇。

活动准备

气球　　　羊毛围巾

活动过程

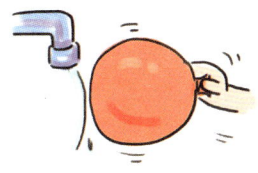

1. 将气球吹大并系好,用羊毛围巾摩擦气球。

2. 将水龙头调节到水流量较小的位置,再将气球靠近水流。随着气球的靠近,你会发现水流方向发生了改变。

知识提示

气球与羊毛围巾摩擦后会带上负电荷,电荷对水流中的水分子产生影响,从而使水流方向发生改变。

导电的盐水

主要目标

验证盐水能不能导电。

活动准备

1 杯纯净水　　盐　　电池　　导线　　1 个 1.5~2.5 伏小灯泡　　硬币

活动过程

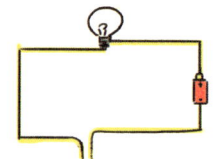

1. 按照电路图连接电路。

2. 用硬币连接电路,发现小灯泡变亮。

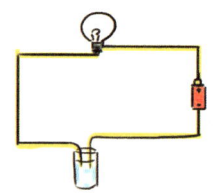

3. 用装有纯水的杯子连接电路,发现小灯泡不亮。

4. 在水中加盐,再连接电路,发现小灯泡变亮。

知识提示

盐水中含有离子,在溶液状态下离子自由移动,所以容易导电;而常温的纯净水中含有的杂质很少,所以不容易导电。

🔵 主要目标

在电流通过的区间接上各种物体，验证哪些是导体。

🫙 活动准备

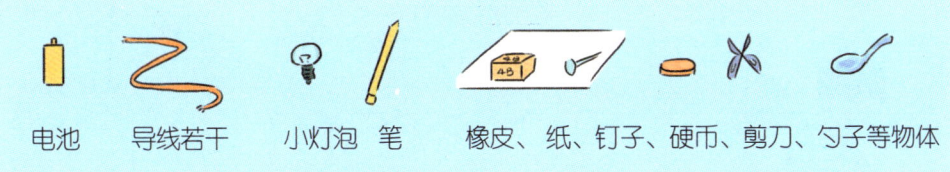

电池　　导线若干　　小灯泡　笔　　橡皮、纸、钉子、硬币、剪刀、勺子等物体

📷 活动过程

1. 用电线将小灯泡与电池的正极与负极正确连接起来。

2. 在电线的断开处分别接上各种物体，如果小灯泡亮了就说明此物体导电，如果小灯泡不亮就说明此物体不容易导电。

📙 知识提示

导体是指电阻率很小且易于传导电流的物质。导体中存在大量可自由移动的带电粒子。在电场作用下，带电粒子做定向运动，形成电流。

磁力实验游戏

人类虽然很早就认识到磁现象,但由于物质的磁性既看不到,也摸不着,无法通过自己的五种感官直接感知,只有通过磁力实验,才能发现磁力的神奇。(在家长的指导下完成)

用磁铁分类

🎯 主要目标

认识磁铁的特性。

🏺 活动准备

条形磁铁（不能使用强力磁铁）　　各种金属和非金属的物体

📷 活动过程

1. 将准备好的各种金属和非金属的小物品混在一起。先让孩子根据已有的经验说一说磁铁能吸起什么，并将这些物品分成两类。

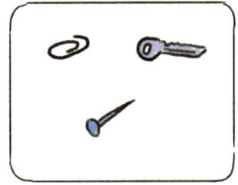 

2. 让孩子用磁铁去一一验证，再根据验证的结果把物品分成两类：能被磁铁吸引的物品和不能被磁铁吸引的物品。

📐 知识提示

磁铁能够产生磁场，因此能吸引铁磁性物质，如铁、镍、钴等金属。

🧭 主要目标

了解磁铁的特性以及磁力线的方向。

🎒 活动准备

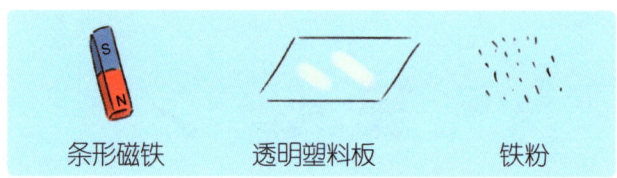

条形磁铁　　透明塑料板　　铁粉

📷 活动过程

1. 把铁粉均匀地撒在透明塑料板上。

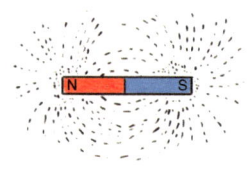

2. 把条状磁铁放在透明塑料板下，轻轻敲击塑料板，铁粉受磁铁的影响，就会慢慢形成一些曲线。

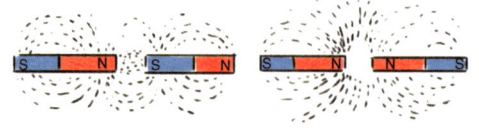

3. 不断改变磁铁的摆放方式，看看磁力线会发生什么变化。

⚠️ 知识提示

利用铁粉我们可以看到通常肉眼看不见的磁力线。磁铁磁力最强的地方是两端的"极"，具有同极相斥、异极相吸的特性。

主要目标

认识磁化现象,激发孩子探究的兴趣。

活动准备

条状磁铁　　线　　回形针　　白纸　　剪刀　　透明胶带

活动过程

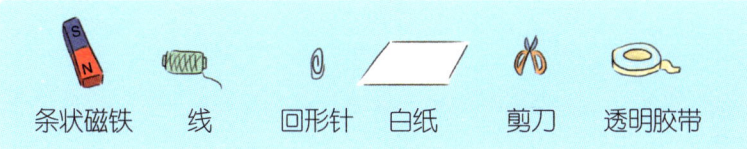

1. 把线的一头用透明胶带固定在桌子上,另一头系一个回形针。把磁铁拿到回形针附近,回形针会被吸引向磁铁靠近。

2. 然后把纸放到回形针与磁铁之间,回形针依旧被磁铁所吸。

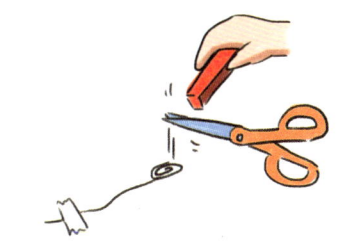

3. 把剪刀放在回形针与磁铁之间,回形针会掉下来。

知识提示

磁铁的磁力一旦遇到铁,就会"到此为止"。虽说这时候铁也具有一些磁力,但是在这个实验中,它的力量不足以吸住回形针,所以回形针掉了下来。

磁铁的力量

🔵 主要目标

探究磁力的大小，学会猜想、观察与记录。

活动准备

同样规格大小不同的磁铁　　回形针　　笔和纸

活动过程

磁铁的力量记录表		
磁铁	猜想吸起的别针数	实际吸起的别针数
小磁铁		
大磁铁		

1. 设计一张表格，如图所示。

2. 让孩子猜一猜两块不同大小的磁铁分别能吸住几个回形针，并记录在表格中。注意在实验时要把回形针排成一条线。

磁铁的力量记录表		
磁铁	猜想吸起的别针数	实际吸起的别针数
小磁铁	2	3
大磁铁	6	5

⚠ 知识提示

同样规格大小不同的磁铁，吸力是不一样的，磁铁的体积越大，吸力越大。

主要目标

了解铁制品可以被磁化的现象,让孩子体验到科学实验的乐趣。

活动准备

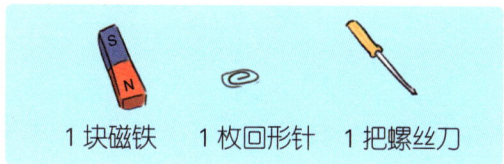

活动过程

1. 用磁铁在螺丝刀上反复摩擦。

2. 用螺丝刀被磁铁摩擦过的部位贴近铁制的回形针,螺丝刀就像磁铁一样将回形针吸了起来。

知识提示

螺丝刀里的铁分子可以看作一个一个的小磁铁,杂乱无章的小磁铁对外界不显磁性,但通过利用真正的磁铁将这些杂乱无章的小磁铁按照摩擦的方向重新排列,就能让螺丝刀表现出明显的磁性。

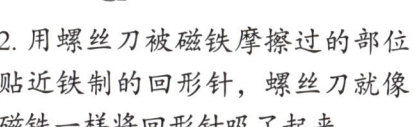

简易指南针

主要目标

了解指南针的原理,学会制作简易的指南针。

活动准备

1块磁铁　　1根缝衣针　　1个装满水的水杯　　1小片吹塑纸

活动过程

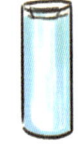

1. 将塑料纸放到装满水的杯子里,使塑料纸漂浮在水面上。

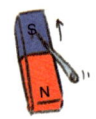

2. 将缝衣针在磁铁上反复顺着同一个方向摩擦,重复至少40次。

3. 小心地把缝衣针放到塑料纸上,缝衣针会慢慢地转动,最终指向南北方向。

知识提示

我们居住的地球是一块天然的大磁体,在南北两极也有不同的磁极,靠近地球北极的是地磁S极,靠近地球南极的是地磁N极。由于同性磁极相斥,异性磁极相吸,所以无论在地球表面什么地方,一根可以自由转动的磁针的N极总是指向北方,S极总是指向南方。

力学实验游戏

生活中的力学现象数不胜数，有引力、动力、电力、弹力、推力、阻力、浮力……它们和我们的生活都息息相关，假如没有了力，真是难以想象世界会变成什么样子，可谓是寸步难行。

会蹦的弹珠

主要目标

了解重力和弹力,培养孩子的动手能力。

活动准备

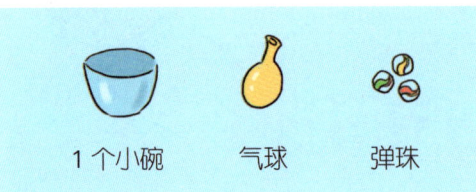

1个小碗　　气球　　弹珠

活动过程

1. 剪掉气球的气嘴部分,约为气球的1/3。

2. 将气球剩下的部分蒙在小碗上,制成气球鼓。

3. 让弹珠从高处落在气球鼓上。弹珠落到气球鼓上之后,还会一次次弹跳,就像小朋友跳蹦蹦床一样。

知识提示

弹珠下落到气球鼓上后,表面会向下凹陷,之后会复位,弹珠就会向上反弹。在此过程中弹珠会逐渐失去能量,弹跳的幅度也会越来越小,直到停下来。

 迷你风车

🧭 主要目标

制作一个能指示风向的小风车，感知风速与风向。

🫙 活动准备

2根吸管　　1根竹签　　1个小叶轮　　1根牙签　　1张三角形纸　　1把剪刀

📷 活动过程

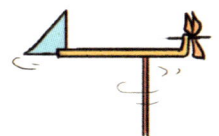

1. 将叶轮用牙签固定在黄色吸管的一端。

2. 在黄色吸管的另一端剪一个可以固定三角形纸的开口，把三角形纸夹在上面。

3. 将红色的吸管套在竹签外面，竹签尖端在适当的位置（叶轮和三角形纸的平衡点）穿过黄色吸管。轻轻握住红色吸管，使竹签能自由地转动。

⚠ 知识提示

风车的叶轮在有风时就会转动，同时带动黄色吸管旋转。当正好转到迎风的位置时就会停止在这个位置，这时三角纸所指的方向就是风向。

又见风车

主要目标

理解空气受热膨胀会产生气流,并驱动叶轮旋转。

活动准备

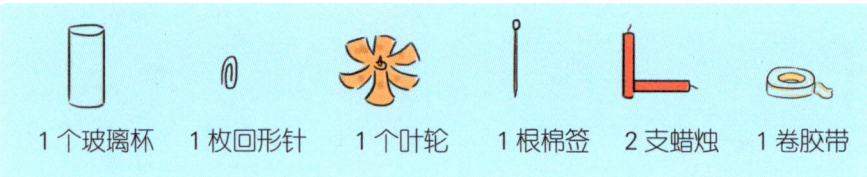

1个玻璃杯　　1枚回形针　　1个叶轮　　1根棉签　　2支蜡烛　　1卷胶带

活动过程

1. 将棉签插在叶轮的中间。

2. 将回形针一端拉直,用胶带固定在玻璃杯上,将叶轮上的棉签插在回形针的末端。

3. 将一支蜡烛放在玻璃杯里,另一支放在外面,然后将两支蜡烛都点燃。过一会儿叶轮会开始转动,就像有人在吹气一样。

知识提示

蜡烛燃烧时,周围的空气受热膨胀,会形成向上的气流,气流向上运动推动叶轮的阻碍,会产生向上的推力,从而形成叶轮的转动。

#

🌐 主要目标

了解浮力。

🍯 活动准备

📷 活动过程

1. 切两片胡萝卜，在其中一片上插4~6根牙签。

2. 将两片胡萝卜放在玻璃杯里，往玻璃杯里注水。

3. 随着水的注入，你会发现插有牙签的胡萝卜片会向上浮起，没有插牙签的会沉到水底。

⚠ 知识提示

胡萝卜通常会沉到水底，因为胡萝卜的密度比水大一些。使用密度比水小的东西（如牙签）可以帮助胡萝卜获得足够的浮力，从而漂浮在水面上。

空气的重量

🔵 主要目标

了解空气的重量,学会检验空气重量的方法。

🫙 活动准备

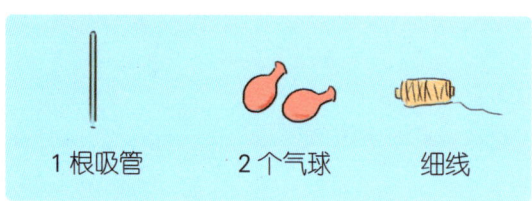

1根吸管　　2个气球　　细线

📷 活动过程

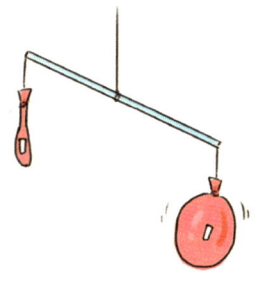

1. 将两个气球吹至同样大小系好,在两个气球上各贴一块一样大的胶布,用线将其固定在吸管两端。

2. 再取一根线,将线的一端在吸管的中间系好,另一端固定好。

3. 调节线的位置,使两个气球平衡,然后扎破其中一个气球(扎在胶布上)。这时吸管会向气球完好的一端倾斜。

⚠️ 知识提示

气球破了之后,空气逸出,重量变轻,所以吸管会向另一端倾斜。这就是气球内空气有重量的实验。

主要目标

理解重心和平衡的关系。

活动准备

1枚鸡蛋　橡皮泥　胶带

活动过程

1. 在鸡蛋上打个小孔，倒出蛋清和蛋黄。

2. 在蛋壳里填橡皮泥，填至1/3处，用胶带封上小孔。

3. 这时把蛋壳放在任意位置，均可以站立不倒。

知识提示

蛋壳内装有橡皮泥，无论在什么状态下，橡皮泥都会在蛋壳的下部，从而保持重心偏下，使蛋壳达到平衡。

承重的纸桥

主要目标

初步了解力的合成与分解。

活动准备

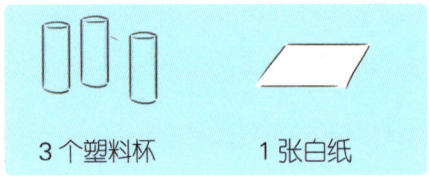

3个塑料杯　　　1张白纸

活动过程

 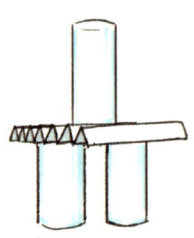

1. 在两个塑料杯上放一张纸，在纸上放第三只塑料杯，发现杯子会掉下来。

2. 把纸折成瓦楞状，再把杯子放在折后的纸上，发现杯子不会掉下来。

知识提示

将纸折成瓦楞状后，其承重的能力会增强。因为瓦楞纸拱起的每个支点都可以承受不同的重量，比一张平面纸的支力点要多得多。（选择有一定重量的塑料杯）

转圈的玻璃珠

主要目标

感知离心力的存在，了解物体的转速与离心力大小的关系。

活动准备

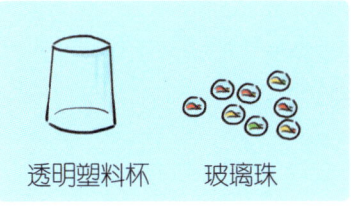

透明塑料杯　　玻璃珠

活动过程

1. 把玻璃珠放在桌上，用杯子扣住。

2. 握住杯子在桌子上画圈，玻璃珠会被离心力紧紧地贴在杯壁上。

3. 杯子转动越快，里面的玻璃珠转得越快，在杯壁上的位置也会越高。

知识提示

离心力是惯性的一种体现，能使旋转的物体远离它的旋转中心。物体转得越快，离心力就越大。

离心运动

🧭 主要目标

感受离心现象的形成过程，培养孩子动手操作的能力。

🎒 活动准备

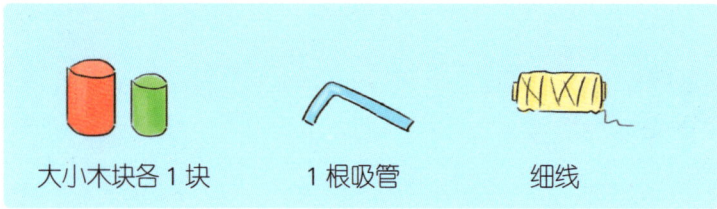

大小木块各1块　　1根吸管　　细线

📷 活动过程

1.用细线穿过吸管，在两端分别拴住两个木块。

2.竖起吸管，小木块在上，甩动小木块，使它像螺旋桨一样转圈。

3.继续甩动，发现大木块会被小木块带动向上升。

⚠ 知识提示

甩动小木块转圈时产生了离心力，这种现象称为离心运动。（转动时注意上端与孩子的距离，避免受伤）

🔵 主要目标

理解大气压力的原理。

活动准备

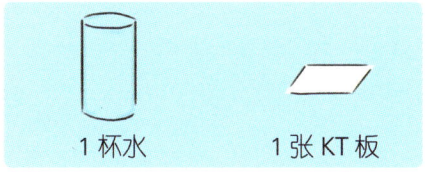

1 杯水　　　1 张 KT 板

📷 活动过程

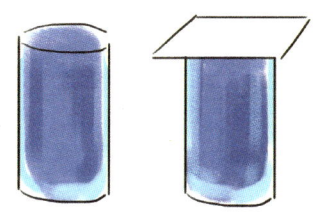

1. 杯子里装满水，在上面盖上一张 KT 板。

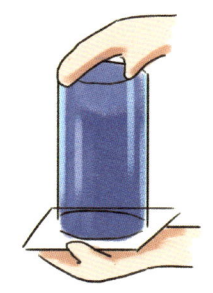

2. 用手托住 KT 板，把杯子倒过来，然后慢慢把手移开。你会发现 KT 板不会掉，水也不会洒出来。

⚠️ 知识提示

水不会流下来，利用的是大气压力的原理。杯子里装满了水，没有空气。当杯口朝下时，KT 板就会受到向上的大气压力，使 KT 板紧紧地贴着杯口不会掉下来。

自制密度计

🧭 主要目标

了解测量不同液体浮力的简易方法。

🫙 活动准备

3个杯子　1根吸管　1把剪刀　橡皮泥　水　盐　酒精

📷 活动过程

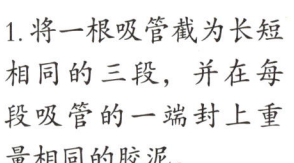

1. 将一根吸管截为长短相同的三段，并在每段吸管的一端封上重量相同的胶泥。

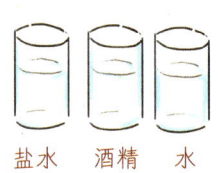

盐水　酒精　水

2. 在三个杯子里分别倒入等量的盐水、酒精和水。

盐水　酒精　水

3. 把三根封上橡皮泥的吸管分别放入三个杯子中。你会发现吸管在酒精中沉得最深，在盐水中下沉最少，在水中处于中间位置。

⚠️ 知识提示

吸管的重量相同，在密度越小的液体里沉得越深。

自制水泵

🛈 主要目标

理解燃烧需要空气中的氧气,并感知气压的变化。

活动准备

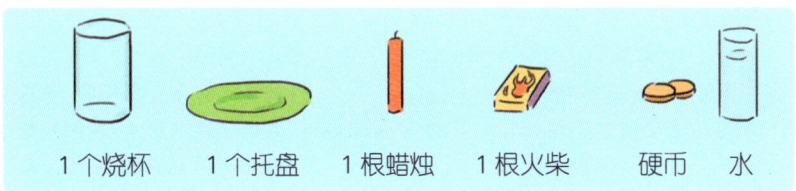

1个烧杯　　1个托盘　　1根蜡烛　　1根火柴　　硬币　　水

活动过程

1. 将点燃的蜡烛固定在托盘上。

2. 在托盘中放入适量水。

3. 把两枚硬币放进托盘里,将烧杯倒扣住硬币,并罩住蜡烛。

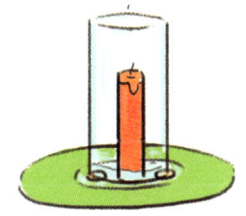

4. 蜡烛燃烧了一会儿就熄灭了,并且烧杯中的水位比托盘中的水位高。

⚠ 知识提示

蜡烛燃烧时消耗烧杯里的氧气,氧气用完后它就熄灭了。此时,烧杯外的气压大于瓶里的气压,水就被压进了烧杯里。

·真正的养育在家庭·

"真正的养育在家庭"系列图书主要以家庭为应用场景,以亲子游戏为内容,从操作层面为家长提供了一系列游戏式养育的方法,以此帮助家长培育孩子的体能、智力和社会性能力。

《真正的养育在家庭 蒙氏游戏》通过感觉、运动、语言、数学、探索等蒙氏游戏,发展孩子的认知能力,培养其主动学习的兴趣,以及独立、自信、坚持的良好品质。

《真正的养育在家庭 体能游戏》通过基于60种基本动作练习的体能运动,来发展孩子的身体素质,促进其意志品质的提升。

《真正的养育在家庭 感统游戏》为促进孩子视、听、嗅、味、触及平衡感的统合发展,创设了一系列在家庭中就可以有效实施的游戏方案。

《真正的养育在家庭 科学游戏》通过丰富的科学游戏,激发孩子对科学探索的兴趣,培养孩子勇敢尝试、积极探索的学习品质。

《真正的养育在家庭 自然游戏》创造孩子与自然接触的机会,支持孩子在自然中开展感知、探究、种植、手工与艺术游戏,尊重孩子亲近自然的天性,帮助孩子建立与自然的纽带。